Danny Beuerbach & Patrick Wirbeleit

Der magische Frisör

Mit Bildern von Patrick Wirbeleit

Ravensburger

Bibliografische Information der Deutschen Nationalbibliothek:

Die Deutsche Nationalbibliothek verzeichnet diese Publikation
in der Deutschen Nationalbibliografie.
Detaillierte bibliografische Daten sind im Internet
über http://dnb.d-nb.de abrufbar.

2 3 4 5

Ravensburger Leserabe
© 2020 Ravensburger Verlag GmbH
Postfach 2460, 88194 Ravensburg
Umschlagbild: Patrick Wirbeleit
Konzept Leserätsel: Dr. Birgitta Reddig-Korn
Design Leserätsel: Sabine Reddig
Printed in Germany
ISBN 978-3-473-36130-4

www.ravensburger.de
www.leserabe.de

Inhalt

Für meine Mama
Danny

Dannys magischer Frisörsalon

Endlich Haare schneiden!
Lila stürmt in
Dannys magischen Frisörsalon.
Lachend hüpft sie auf den Stuhl.
„Erste!"

Danny freut sich.
Wo Lila ist,
kann ihr Bruder nicht weit sein.
Die beiden sind nämlich
tolle Vorleser!
Und da kommt Erik auch schon
um die Ecke geflitzt.

Lila blättert sofort
ihr Lieblingsbuch auf.
„Wohin soll die Reise heute gehen?",
fragt Danny.
Fröhlich schnippt er zweimal
mit der goldenen Schere.

Lila legt einen Finger auf die Stelle,
die sie vorlesen möchte.
Sie holt Luft.
„Der alte Drache war traurig",
liest sie vor.

Während Lila zu lesen beginnt,
macht Danny den ersten Schnitt.
Dann ist der Salon verschwunden.

Geschafft!
Hier kannst du
den ersten Sticker
einkleben!

Kapitel 1

Der traurige Drache

„Igitt!", ruft Erik.
Doch Danny grinst:
„Das sind Drachentränen!
Die sind magisch!"
Eine weitere Träne
plumpst in die Pfütze.

„Hallo Drache!", ruft Lila.

„Warum weinst du?"

Der Drache blinzelt verwirrt.

Wer hat da gesprochen?

Als er die Menschen entdeckt,

wundert er sich.

„Habt ihr keine Angst vor mir?",
fragt er.

„Warum?", fragt Erik zurück.

„Bist du böse?"

Der Drache schüttelt traurig den Kopf.

„Nein. Aber die Menschen
haben trotzdem Angst vor mir."

Nachdenklich betrachtet Danny
den Drachen.
„Kein Wunder", sagt er schließlich.
„Deine Haare sehen zum Fürchten aus!
Du brauchst dringend eine Frisur!"

Gesagt, getan.

Mit der Schere in der Hand

schaltet Danny seinen Fön auf Sturm.

Wie Regentropfen bei Gewitter

fallen die Haare zu Boden.

Dann nickt Danny zufrieden.
Er steckt den Fön
zurück in seine Haare
und holt einen Spiegel hervor.
„Nun wird niemand mehr
 Angst vor dir haben."

Der Drache seufzt glücklich.
„Vielen Dank!"
Erik hat sich inzwischen
Lilas Buch geschnappt.
„Jetzt bin ich dran
mit Vorlesen."

Lächelnd stellt sich Danny
mit gezückter Schere hinter Erik:
„Kann losgehen!"
Und Erik legt los:
„Der Ritter Zausel war wütend.
Ohne Helm konnte er
nicht am Turnier teilnehmen."

Kapitel 2

Der wütende Ritter

„Dreimal verstopftes Klo!",
ruft Ritter Zausel erschrocken.
Lila, Erik und Danny sind
wie aus dem Nichts aufgetaucht.
„Magie! Hexerei!"

Er zieht sein Schwert,
doch Danny hält geschickt
mit der Schere dagegen.
„Ich bin keine Hexe!",
verteidigt sich Lila.

„Ha, du lügst!"
Der Ritter blickt sie finster an.
Er holt ein weiteres Mal aus.
Aber bevor er zuschlagen kann,
stolpert er über seinen Bart.

Danny schüttelt mitleidig den Kopf.
„Was du brauchst, mein Lieber,
ist ein Frisör."
„Frisör?", fragt Ritter Zausel.
„Was ist das?"

Ohne sein Schwert
fühlt er sich wehrlos.
Außerdem kann er vor lauter Haaren
kaum etwas sehen.

„Ein Frisör schneidet Haare",
klärt Danny ihn auf.
Er winkt Lila und Erik heran.
„Kommt. Wir helfen ihm auf."

Wieder auf den Beinen,
schaut Zausel etwas verlegen.
„Mir die Haare schneiden?
Das wäre toll!"

Danny schnippt zweimal
mit seiner goldenen Schere.
„Kein Problem! Aber vorher
werden die Haare gewaschen."
Der Ritter ist nicht begeistert.
„Waschen?! Muss das sein?"
Es muss.

„Der Helm passt wieder!", jubelt der Ritter, als Danny sein Werk vollbracht hat. „Du bist wahrlich ein Zauberer!"

„Wenn ich mich beeile,
kann ich noch am Turnier teilnehmen."
Er winkt einmal kurz.
„Habt vielen Dank!"
Dann ist er verschwunden.

Lila blättert schon wieder im Buch.
„Das Einhorn betrachtete traurig
die kaputten Bürsten",
liest sie vor.
Und Dannys goldene Schere
macht schnipp, schnapp.

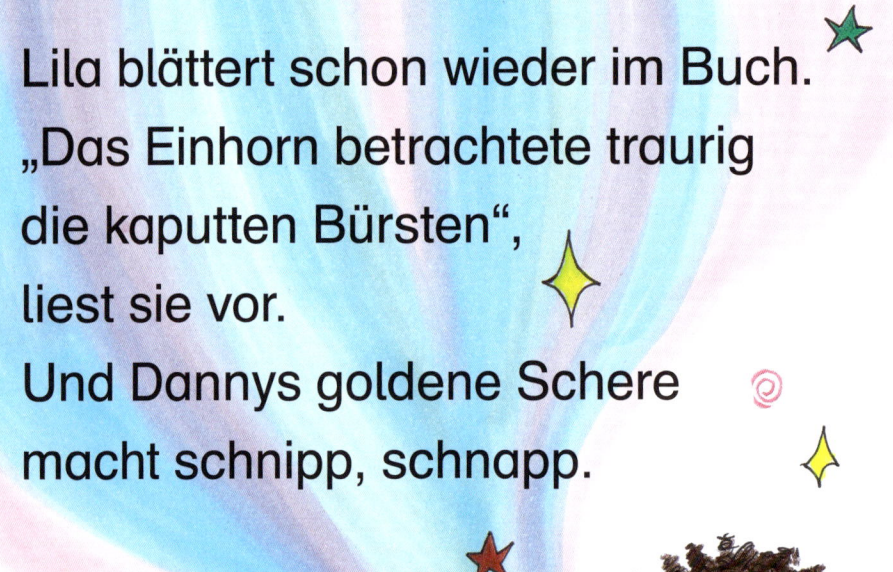

Kapitel 3

Regenbogen-Pups

„Herrje!"
Danny hebt eine Bürste auf.
„Was ist denn hier passiert?"
Das Einhorn scharrt verlegen
mit dem Huf.
„Ich habe einen Regenbogen gepupst."

Lila und Erik kichern.
Danny aber nickt wissend.
Nach einem Regenbogen-Pups
stehen die Haare zu Berge.
Das ist bei Einhörnern normal.

Er zeigt auf die Bürsten.
„Und wer hat versucht,
dir die Haare zu bürsten?"
Das Einhorn zögert.

Da taucht hinter dem Baum
ein freundliches Gesicht auf.
„Ich", sagt die kleine Fee.
„Und ich", piepst plötzlich ein Wichtel
zwischen Lila und Erik.

„Wunderbar!", jubelt Danny.
Schnell zaubert er vier Bürsten hervor.
Dann sprüht er fröhlich pfeifend
die Mähne mit den Drachentränen ein.
„Jetzt sollte es klappen!"

Und tatsächlich:
Gemeinsam schaffen sie es
die Haare zu bürsten.
Schon bald strahlt die Mähne
mit der Sonne um die Wette.

Zufrieden sieht Danny auf die Uhr
– und erschrickt:
„Oje! Jetzt müssen wir
aber schnell wieder zurück!
In zehn Minuten
holt euch euer Papa ab."

Er greift Eriks Hand
und Erik greift Lilas Hand.
„Festhalten!"

Der Papa betrachtet
die frisch geschnittenen Haare
seiner Kinder.
„Und?", fragt er mitleidig.
„War es sehr langweilig?"

„Nein!", lacht Lila.

„Überhaupt nicht!"

Und Erik schüttelt den Kopf.

„In Dannys magischem Frisörsalon
schneiden sich die Haare
wie durch Zauberei!"

Kapitel 4

Danny Beuerbach

Den Frisör Danny Beuerbach
gibt es wirklich! Wie in der
Geschichte schneidet er seinen
Kunden die Haare und lässt sich
dabei von ihnen vorlesen.
Besonders gerne schneidet er
Kindern die Haare, weil er sie so
fürs Lesen begeistern kann.

Patrick Wirbeleit

Patrick Wirbeleit ist der
Illustrator, von ihm stammen
die Bilder in diesem Buch.
Er kann nicht nur tolle Drachen,
Ritter und Einhörner zeichnen.
Besonders stolz ist er darauf,
dass Danny auch im Buch so
aussieht wie in echt. Das findet
auch Danny!

Waschen, schneiden, lesen

Dannys Ziel ist es, möglichst viele Frisöre für seine Aktion „book a look and read my book" zu gewinnen. Wenn ein Kind beim Haareschneiden vorliest, bekommt es den Haarschnitt kostenlos oder zumindest einen Rabatt. „Vorlese-Frisöre" und Dannys Veranstaltungen finden sich unter:

www.bookalook.family
#bookalook_and_read_my_book (Instagram)
@bookalook089 (Facebook)

Leserabe Leserätsel

Rätsel 1

Seltsam, seltsam

Welches Wort stimmt? Kreuze an!

Der alte Drache war
- ○ tragisch
- ○ traurig
- ○ treu

Der Ritter zieht sein
- ○ Schwert
- ○ Schild
- ○ Schwein

Das Einhorn pupst einen
- ○ Regen
- ○ Regenwurm
- ○ Regenbogen

Rätsel 2

Zahlen, Zahlen

Findest du die richtige Seite? Trage die Zahl ein!

Auf Seite ___ steht ein Mal **Zauberer**.

Auf Seite ___ steht zwei Mal **Frisör**.

Auf Seite ___ steht ein Mal **Huf**.

Kreuz und quer

Fülle die Kästchen aus!
Schreibe Großbuchstaben:
Elfe → ELFE

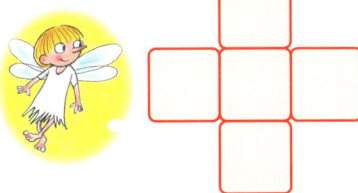

Rätsel 4

Rätsel für die Rabenpost

Fülle die Lücken aus. Trage die Buchstaben in die richtigen Kästchen ein. So findest du das Lösungswort für die Rabenpost heraus!

Der ⬜₁⬜⬜⬜⬜⬜ seufzt glücklich. (Seite 14)

Ohne Helm kann Ritter Zausel nicht am

⬜⬜⬜₃⬜⬜⬜ teilnehmen. (Seite 15)

Danny schnippt zweimal mit seiner

⬜⬜⬜⬜⬜⬜₄⬜⬜ Schere. (Seite 22)

⬜⬜⬜₂⬜ und Erik kichern. (Seite 29)

Lösungswort:

⬜₁ ⬜₂ ⬜₃ ⬜₄ **Y**

Rabenpost

Bitte frage deine Eltern!*

Herzlichen Glückwunsch!

Du hast das ganze Buch geschafft und die Rätsel gelöst, super!!!

Jetzt ist es Zeit für die Rabenpost.
Wenn du das Lösungswort auf Seite 42 heraus-gefunden hast, kannst du tolle Preise gewinnen, aber bitte frage vorher deine Eltern, ob du mit-machen darfst!

Das Lösungswort kannst du auf der Website eingeben: ▶ www.leserabe.de

oder mail es uns: ▶ leserabe@ravensburger.de

oder schick es mit der Post an:

Lösungswort:

An
den LESERABEN
RABENPOST
Postfach 2007
88190 Ravensburg
Deutschland

* Wir verwenden die Daten der Einsender nur für das Gewinnspiel und nicht für weitere Zwecke. Alle weiteren Informationen zum Datenschutz und über unser Gewinnspiel findet ihr unter **www.leserabe.de**.

Leserabe

Lesen lernen mit Spaß!
In drei Stufen vom Lesestarter zum Überflieger

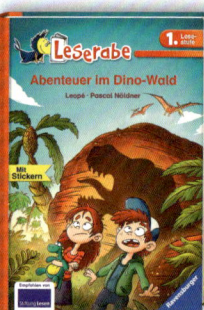

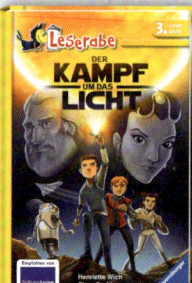